TABLEAU HISTORIQUE

DES MALHEURS

DE LA

SUBSTITUTION,

PAR M^r D'ACHÉ.

SIXIÈME TOME.

A VOROUX-GOREUX.

CHEZ L'AUTEUR.

TREIZIÈME MÉMOIRE

Parmi de milliers de volumes écrits en France depuis la naissance du duc de Bourgogne, petit-fils de Louis XV, je n'en connois point qui n'insinue au moins une des quatre vérités que je vais articuler : 1o. que ce malheureux enfant a été enlevé à la tendresse de sa mère en sortant de son sein; 2°. qu'on lui a substitué un autre garçon que l'on a décoré du titre de son apanage; 3°. qu'il a été transféré en pays étranger au berceau; 4°. qu'il n'étoit point baptisé. Pour justifier ces vérités, je pouvois citer le siècle de Louis XIV, la vie de la reine, celle de madame Louise, & quelques autres ouvrages; la vie de monseigneur le Dauphin les ayant donné toutes quatre, comme on l'a vu par mon douzième mémoire, je ne citerai plus que la chronologie de M. le président Henault : je vais en donner un extrait. Je prendrai ce qui est nouveau, ou mieux circonstancié que dans mes deux mémoires qui précèdent.

EXTRAIT DE L'ABRÉGÉ CHRONOLOGIQUE DE L'HISTOIRE DE FRANCE.

Rouen 1789.

PREMIÈRE RACE.

On met Pharamond, Clodion, Mérovée & Childéric son fils à la tête des rois de la première race; mais nous connoissons si peu d'événements de leurs régnes, que nous commencerons cette suite chronologique par Clovis, qui peut être regardé comme le véritable fondateur de la monarchie.

CLOVIS.

481. 2. 3. 4. 5.

Clovis fils de Childéric, & petit fils de Mérovée, roi des françois, affermit leur domination dans les Gaules. Ce peuple y avoit eu dès l'an 287, un établissement qui lui fut confirmé en 358, par l'empereur Julien, & qui devint fixe sous Clodion, vers 438, après l'expédition qui assura à ce prince la possession de Cambrai & du pays voisin jusqu'à la Somme.

Il ne se passe rien de remarquable dans les cinq premières années.

Première partie, page 1.

486. 87. &c. Bataille de Soissons, gagnée contre Siagrius, général des romains, que Clovis fit décapiter.

Siège de la monarchie établi à Soissons.

492. Conquête de la cité de Tongres.

493. Clovis épouse Clotilde, fille de Chilpéric, roi des Bourguignons.

Conquête des provinces situées entre la Somme, la Seine & l'Aisne; les peuples de la cité de Reims se donnent à Clovis par l'entremise de S. Remi.

Royaume des Gots en Italie sous Théodoric, vainqueur d'Odoacre.

496. Bataille de Tolbiac, près Cologne, gagnée cortre les allemants. Clovis se fait chrétien, suivant le vœu qu'il en avoit fait s'il demeuroit vainqueur : il est baptisé. Il étoit alors le seul roi catholique qu'il y eût dans l'empire, tant d'orient que d'occident. Il étend ses conquêtes par delà le Wahal & le Rhin.

Page 2.

497. Les armoriques qui s'étoient soustraits à l'empire Romain, se donnent à Clovis, ainsi que les romains qui gardoient les bords de la Loire.

La Bretagne portoit dans les premiers temps le nom d'Armorique, qui étoit commun à tous les pays contenus entre les embouchures de la Seine & de la Loire : mais lorsque les bretons, peuple Celte d'origine, furent obligés de sortir de l'isle d'Albion (l'Angleterre) & de se réfugier dans une partie de l'Armorique vers l'an 458. Ils communiquerent insensiblement leur nom aux habitants du pays & au pays même.

Page 3.

507. Bataille de Vouglé, près Poitiers, gagnée contre Alaric, qui y fut tué par Clovis ; ce prince soumit tout le pays, depuis la Loire jusqu'aux Pyrénées.

Page 4.

508. 509. Clovis prend Angoulême, mais Théodoric bat son armée devant Arles. Paix conclue entre les francs, les visigots & les bourguignons. Les visigots étoient établis depuis environ cent ans, tant en Espagne, que dans cette partie des Gaules que l'on appelle *Septimanie*, & avoient un roi qui faisoit sa résidence à

A 3

6

Touloufe, comme les oftrogots en avoient un en Italie, Clovis reçoit d'Anaftafe, empereur d'orient, le titre & les ornements de patrice, de conful, même d'augufte. Paris devient la capitale du royaume. Paris étoit dèslors une ville commerçante, les *Nautæ Parifiaci* étoient un corps de commerçants ; on y venoit de tout l'orient, les fyriens fur tout, qui donnèrent, fuivant M. de Launoy, leur nom à la rue des Arcis.

Page 5.

511. Concile d'Orléans, où fe trouvent les vrais principes du *droit de Régale*. On fait quels ont été les différents fyftèmes fur l'origine de la régale ; les uns attribuent ce droit à la qualité que nos rois ont de fondateurs des bénéfices qui y font fujets, les autres à celle de patrons, les autres à la nature du droit féodal, les autres au droit de garde & de protection, les autres au droit de dépouille, &c. mais on ne prend pas garde que tous ces principes vont à rendre le droit de régale commun à tous les rois, ce qui eft faux, puifque les rois de France feuls en jouiffent, & à diminuer la noble ancienneté de fon origine, puifqu'on ne la feroit remonter tout au plus qu'à la fin de la feconde race, en y appliquant la loi des fiefs ; au lieu que ce droit ayant été reconnu folemnellement dans un concile par les évêques, juftes contradicteurs de ce droit, & dans la fuite par les conciles & par les papes, cette reconnoiffance n'en borne plus l'origine, & fait rentrer à chaque vacance les fruits de l'évêché dans la main du roi, par un droit acquis de tous les temps à la dignité de fon trône.

Page 5.

Rédaction de la loi falique par Clovis.

Mort de fainte Geneviève, enterrée dans l'églife de S. Pierre & S. Paul, qui depuis a pris fon nom.

Clovis meurt, âgé de quarante-cinq ans : il en avoit régné trente : il fut enterré à Paris dans l'églife de fainte Geneviève, qui étoit alors fous l'invocation de S. Pierre & de S. Paul : il laiffe cinq enfants : Thieri, fils d'une concubine, Clodomir, Childebert, Clotaire & Clotilde, tous enfants de Clotilde : Audigier, dans fon livre de l'*Origine des françois*, prétend que Thieri fut fils d'une femme légitime.

Page 6.

Remarquerai-je que j'étois au collège des jéfuites à Namur, avec un hollandois nommé *Audigier* ; il étoit en première que j'étois en fixième. Il étoit fils d'un chirurgien hollandois, & demeuroit chez le père de M. Louis Batis.

Code Théodofien, réformé par le comte Goïaric, que l'on croit avoir été chancelier d'Alaric, & attribué mal-à-propos par quelques auteurs à Anien, référendaire de ce prince (506.) Ce fut en 529, le 16 Avril, qu'on publia le code par ordre de Juftinien, environ cent ans après qu'avoir été publié le code Théodofien ; le digefte fut publié par ordre du même Juftinien le 30 Décembre 534. Quelques écrivains ont dit que Juftinien étoit fi ignorant qu'il ne favoit pas lire, quoiqu'il affure lui-même qu'il a lu & relu fon livre des Inftitures. Il faut rétablir ici la réputation de ce grand prince auffi favant que guerrier, & qu'une méprife de copifte

8

a fait confondre avec Juſtin I, ſon prédéceſſeur, fils d'un bouvier, & le plus ignorant de tous les hommes. *Lex mundana*, compoſée du code Théodoſien, pour les romains, & des codes nationaux des barbares, ſuivant leſquels ces derniers étoient jugés : cette loi s'appelle *Mundana*, ou *la Loi du monde*, par oppoſition au droit canonique. Il eſt bon de remarquer à ce ſujet, que le code de Juſtinien a prévalu ſur celui de Théodoſe, parce que Juſtinien qui régna plus de cent ans après Théodoſe, y employa les conſtitutions faites depuis Auguſte juſqu'à Conſtantin, par les miniſtres les plus habiles, & les plus grands juriſconſultes ; au lieu que Théodoſe n'avoit recueilli preſque dans le ſien, que les conſtitutions des princes qui avoient régné depuis Conſtantin juſqu'à lui, & que ces conſtitutions ſe reſſentoient du déclin des ſciences.

Page 7.

N'eſt-il pas étonnant que l'empire de Rome, qui embraſſoit l'univers, que ce peuple ſi renommé, & qui eut de ſi grands orateurs, eût ſubſiſté depuis Romulus juſqu'à Théodoſe II, c'eſt-à-dire plus de mille ans, ſans avoir eu un corps de loix ? il eſt vrai que vers l'an 303, de Rome, les romains avoient eu la fameuſe loi des douze Tables, dont dix raſſembloient les loix qui avoient été recueillies dans la Grece, & les deux autres étoient compoſées des coutumes & du petit nombre de loix qu'il y avoit alors dans cette république. Mais qu'eſt-ce que ces loix, & des loix étrangères, par proportion aux beſoins d'un état ? cependant telle étoit l'indifférence des romains à cet égard, qu'il s'étoit écoulé trois cents ans depuis Romulus jusqu'à cette loi des douze Tables, & qu'il s'en écoula près de huit cents depuis la loi des douze Tables jusqu'à Théodose II, auteur du premier code ; à moins qu'on ne voulût regarder comme un code la rédaction que l'on fit des formules des jurisconsultes l'an 473 de Rome, sous le nom de *droit civil Flavien*, & de *droit Flavien & Aelien*, ce qui laisseroit toujours un vuide de plus de six cents ans.

Page 8.

Usage des vers à soie, apporté des Indes.

Le quatrième siècle, c'est-à-dire le siècle qui précéda nos premiers rois, a été plus brillant dans les Gaules, par rapport aux sciences, qu'aucun autre ne l'avoit été dans cette partie de l'europe ; c'étoit principalement à Treves, à Bordeaux, à Toulouse & à Autun ; la langue latine étoit la langue vulgaire du pays. Les sciences ne firent que décliner depuis jusqu'à Charlemagne. (*Histoire littér. de la France, T. I*)

Ce fut vers ce siècle que le papier à écrire, venu d'Egypte, & connu pour cet usage, avant Alexandre-le-Grand, commença à être d'un grand commerce en France.

Page 9.

Clovis laissa quatre fils, Thieri, Clodomir, Childebert & Clotaire. Le premier régna à Metz, le second à Orléans, le troisième à Paris, le quatrième à Soissons, les premières années furent paisibles.

520. 521. Cette paix ne dura qu'entre les frères, car Thieri ne put défendre contre Théodoric une partie des conquêtes de son père.

Thieri aide Hermanfroi à dépouiller son frère Balderic de la partie de la Turinge qu'il possédoit.

Hermanfroi lui manque de parole, quand il n'a plus besoin de lui.

523. 24, &c. Clotaire se joint à Childebert & à Clodomir contre Sigismond.

Childebert se joint à Clodomir & à Clotaire contre Sigismond héritier de Gondebaud, coupable de la mort du père & de la mère de Clotilde : ils défont Sigismond & en demeurent là.

Clodomir fait la guerre à Sigismond, roi de Bourgogne. Il le fait prisonnier, & ensuite le fait mourir. Il est tué lui-même à la bataille de Veseronce qu'il livre à Gondemar, devenu roi de Bourgogne, depuis la mort de Sigismond son frère, qui est au nombre des saints.

531. Clotaire accompagne Thieri à la guerre contre le roi de Turinge, & se sauve heureusement des pièges que lui tend son frère.

Thieri s'empare du royaume de Turinge, après avoir défait Hermanfroi, & l'avoir fait périr ; il est aidé dans cette guerre par Clotaire son frère, à qui il dresse des embûches.

Childebert fait la guerre à Amalaric, roi des visigots, qui traitoit mal sa femme Clotilde, sœur de Childebert.

Page 10.

533. Deux enfants de Clodomir massacrés dès 526

à Paris, par Childebert & Clotaire, qui avoient déjà fait le partage du royaume d'Orléans avec Thieri. Le troisième, Clodoalde, se sauve, & est rasé : on l'invoque sous le nom de S. Cloud, il a donné son nom au village qui se nommoit auparavant Nogent sur Seine. Clodomir eut pour femme Gondiucque, qui se remaria à Clotaire I.

534. Clotaire & Childebert font en sorte de profiter de l'absence de Théodebert, qui est amoureux en Auvergne pendant la maladie de Thieri son père, pour démembrer ses états à sa mort : Théodebert qui revient, les en empêche.

Il y avoit près de cent vingt ans que le royaume de Bourgogne étoit fondé dans les Gaules, quand il fut réuni à l'empire de France.

C'est dans cette année que l'on place l'établissement du prétendu royaume d'Yvetot.

Thieri meurt, & laisse de Suavegotte, fille de Sigismond, Théodebert & Théodechilde.

Théodebert son fils lui succéde. Ce jeune prince, dès l'an 533, avoit repris sur les visigots la partie des conquêtes de Clovis, dont ce peuple s'étoit emparé : le Velai, le Rouergue, le Gevaudan.

Il répudie Wisigarde sa femme, pour épouser Deuterie, qui avoit son mari. Il reprend sa femme, il partage le royaume de Bourgogne avec ses deux oncles. Il avoit eu une troisième femme, dont le nom est inconnu.

Childebert & Clotaire font tout ce qu'ils peuvent pour démembrer le royaume de Thieri à sa mort. Théodebert les en empêche, & se lie à Childebert.

Fin du royaume de Bourgogne, par la défaite & la mort de Gondemar ; Childebert, Clotaire & Théodebert, après l'avoir vaincu, font le partage de ce royaume entre eux.

Thieri avoit eu part à cette révolution dans son commencement.

Childebert épouvanté par un orage qui vient fondre sur son camp, accorde la paix à Clotaire.

Belisaire, général de Justinien, reprend l'afrique sur les vandales, qui y régnoient depuis l'an 400.

Page 11.

535. Justinien fait un traité avec Théodebert & ses oncles, pour les engager à se joindre à lui contre Théodat, devenu roi des ostrogots par Amalasonte, qui partagea l'empire avec lui, mais qui ne l'épousa pas, (quoiqu'en aient dit grand nombre d'historiens), ce qui se prouve par les lettres de cette princesse à Justinien.

Page 12.

536. 37. 38. Vitigès, successeur de Théodat, gagne Théodebert & fait aux francs le délaissement de tout ce que les ostrogots possédoient dans les Gaules, avec les droits qu'ils y avoient, comme seigneurs de la ville de Rome.

539. Justinien régagne Théodebert, en lui faisant les mêmes avantages que Vitigès ; & ce traité est pour les francs un nouveau titre de propriété dans les Gaules.

Depuis ce temps, dit Procope, les françois furent absolument maîtres de la Provence & de Marseille, colonie des phocéens, & en possession de cette mer ;

ce qui prouve que nous avions déjà une marine. Théodebert meurt.

Clotaire fait une irruption sur les terres de Childebert. Ils font la paix.

543. Après avoir fait de grands progrès en Espagne, Childebert est battu devant Saragote, dont il faisoit le siège.

Clotaire accompagne Childebert dans cette guerre.

Mort de Clotilde, veuve de Clovis, à Tours : elle a été mise au nombre des saints ; elle est enterrée à Sainte Geneviève. Il y a des historiens qui mettent sa mort en 548.

Page. 13.

547. Théodebert meurt. Théodebalde qu'il avoit eu de son concubinage avec Deuterie, lui succède.

On voit une monnoie d'or de Théodebert, ou l'image de ce prince est gravée d'un côté avec le titre de *dominus noster*, qui n'appartenoit qu'aux empereurs ; de l'autre, on y voit une victoire avec les armes de l'empire : ce prince fit battre cette monnoie pour rabaisser l'orgueil de Justinien, qui avoit pris le titre de *vainqueur des françois*.

Il avoit levé une puissante armée, & s'étant déjà emparé d'une partie de l'Italie, il alloit, quand il mourut, attaquer jusques dans Constantinople Justinien avec lequel il s'étoit brouillé. Le premier exploit maritime que nous connoissions depuis l'établissement de nos rois en deça du Rhin, fut l'expédition de ce prince contre Cochiliac, roi des danois, l'armée de terre fut battue tandis que la flotte françoise, qui arriva en même temps, mettoit en déroute la flotte danoise.

Narsès, général de Justinien, bat les françois, commandés par Bucelin, sur les bords du Casilin, près Capoue, l'an 553.

Théodebalde meurt la même année : ses deux grands oncles lui succèdent.

555. Childebert malade est obligé de faire une cession à Clotaire de ce qui lui revient de la succession de Théodebalde.

Clotaire se rend maître de toute la succession de Théodebalde.

Il défait deux fois les saxons sur les bords du Veser.

556. Chramne son fils naturel, se révolte contre lui.

Childebert pour se venger de la cession forcée que Clotaire lui avoit fait faire, seconde la révolte de Chramne.

557. Le pape Pelage envoie sa profession de foi à Childebert. Boniface VIII, fit la même chose sous Philippe-le-Bel en 1294.

558. Mort de Childebert, enterré à Paris dans l'église de S. Germain-des-Prez qu'il avoit fait bâtir sous le titre de saint Vincent ; il ne laisse que des filles de sa femme Ultrogore qui fut inhumée dans la même église : premier exemple de la loi fondamentale, qui n'admet que les mâles à la couronne.

Par la mort de Childebert, Clotaire réunit tout l'empire des françois, & envoie en exil Ultrogote avec ses deux filles.

L'heptarchie en Angleterre commence en 559, & finit vers l'an 828, en la personne d'Ecbert qui réunit les sept royaumes.

Page 15.

Clotaire régne seul.

560. Son fils Chramne se révolte de nouveau, & se ligue avec Conobre comte de Bretagne ; car les chefs de cette province se nommoient comtes & non rois, suivant ces paroles de Grégoire de Tours : *nam semper Britanni sub Francorum potestate post obitum regis Chlodovechi fuerunt, & comites, non reges appellati sunt.* Clotaire donne bataille à son fils, le défait, & le brûle avec toute sa famille dans une cabane où il s'étoit sauvé.

562. Clotaire meurt à Compiegne dans la cinquante-unième année de son régne ; il est enterré à saint Médard de Soissons, qu'il avoit fait bâtir ; il laisse quatre enfants qui lui succèdent : Caribert roi de Paris, Gontran roi d'Orléans & de Bourgogne, Sigebert roi d'Austrasie, & Chilpéric roi de Soissons. Il avoit eu pour femme Ingonde, Aregonde, Chonsene, Radegonde, Gondiucque & Waldrade. Un aventurier nommé *Gondoalde*, se disant faussement fils bâtard de Clotaire, est salué roi à Brive-la-Gaillarde, & est massacré.

Page 16.

565. Sigebert épouse Brunehaut, fille cadette d'Athanagilde, roi des visigots, qui d'Arienne qu'elle étoit se fait catholique.

566. Caribert meurt, & est enterré à Paris : ses frè-

res partagent ſa ſucceſſion ; mais comme chacun vouloit avoir la ville de Paris, ils conviennent de la poſ-
ſéder tous trois par indivis, ſous la condition qu'aucun
n'y entreroit ſans le conſentement des deux autres. Ce
prince a eu pour femmes, Ingoberge, Mireſleur, Theu-
degilde, & Marcoueſe.

568. Chilperic épouſe Galſuinde, fille aînée d'Athanagilde, & lui aſſure pour dot, ſuivant l'uſage d'alors,
une partie des domaines qu'il avoit hérités de Caribert.
Galſuinde eſt trouvée morte : le ſoupçon de cette mort
qui tomba ſur Frédégonde, maîtreſſe de Chilpéric, ſe
confirma quand Chilpéric l'eut épouſée après la mort
de Galſuinde. Sa ſœur Brunehaut venge ſa mort, & fait
armer Sigebert ſon mari & Gontran.

Chilpéric perd une partie' de ſes états, & obtient
enfin la paix, en donnant à Brunehaut, pour l'appaiſer,
les domaines qu'il avoit donnés à Galſuinde pour ſa dot.

Page 17.

570. Sigebert profitant de l'embarras où étoit ſon
frère Gontran. roi de Bourgogne, ſurprend la ville
d'Arles, mais cet avantage ne fut pas long, & les gé-
néraux de Gontran l'en puniſſent en reprenant non-
ſeulement Arles, mais encore Avignon, qui appartenoit
à Sigebert, & que Gontran voulut bien lui rendre en
faiſant la paix.

570. 71. 72. Chilpéric pouſſé par Frédégonde,
profite de la querelle de ſes deux frères, & envoie contre Sigebert, ſon fils Clovis, qui lui enleve Tours &
Poitiers ; les deux frères s'étant raccommodés, s'uniſſent

contre

contre Chilpéric, & lui reprennent ce qu'il avoit injuſtement conquis,

573. 574. Sigebert & Gontran s'étant brouillés de nouveau, pour un fait de diſcipline eccléſiaſtique, Chilpéric en profite à ſon ordinaire, & envoie ſon fils aîné Théodebert contre Sigebert; Théodebert a de l'avantage. Sigebert effrayé de ces ſuccès, fait entrer en France des troupes étrangères; Gontran ſe joint à Chilpéric contre ſes troupes : Sigebert menace Gontran de ſe jeter ſur la Bourgogne; Gontran reſte neutre : Chilpéric demande la paix, que Sigebert lui accorde.

Page 19.

575. Chilpéric ſe lie de nouveau avec Gontran contre Sigebert, & fait marcher ſon fils Théodebert contre lui; Théodebert eſt défait & tué dans le combat. Chilpéric épouvanté de ce malheur, ſe ſauve dans Tournai. Brunehaut preſſe Sigebert ſon mari, qui y étoit déjà aſſez porté, d'achever la défaite de Chilpéric; en effet, Sigebert s'empare de tous ſes états, & va l'aſſiéger dans Tournai, lorſque deux aſſaſſins, envoyés par Frédégonde, lui ôterent la vie dans ſon camp.

Sigebert meurt aſſaſſiné à l'âge de quarante ans ; il en avoit régné quatorze : prince accompli. Il eſt enterré à S. Médard de Soiſſons, auprès du corps de Clotaire ſon père. Il laiſſa un fils nommé *Childebert*, & deux filles, dont l'une épouſa Ermenigilde, fils aîné de Léovigilde : roi des gots. Il a eu pour femme Brunehaut.

Page 20.

576. Chilpéric, profitant de l'affaſſinat commis en la perſonne de Sigebert, ſort de Tournai, empriſonne Brunehaut, ſon fils Childebert & deux filles.

Childebert, âgé de cinq ans, que Chilpéric faiſoit garder à vue à Paris, s'évade par les ſoins du duc Gondebaud, & eſt couronné roi d'Auſtraſie à Metz le jour de Noël. Brunehaut ſa mère eſt empriſonnée à Rouen par Chilpéric, & ſes deux filles le ſont à Meaux.

Merovée, fils de Chilpéric, amoureux de Brunehaut, l'épouſe à Rouen, & la délivre. Chilpéric s'avance pour les punir; il leur pardonne, renvoie Brunehaut en Auſtraſie, & force Merovée de le ſuivre.

577. Brunehaut engage ſon fils Childebert à faire la guerre à Chilpéric.

Gontran ſe joint à Childebert qu'il avoit adopté, & ſon général Mummol défait Didier, général de Chilpéric. Gontran perd ſes deux fils, qui meurent de maladie. Il lui reſte deux filles, Clodoberge & Clotilde.

Chilpéric s'en prend à ſon fils Merovée de la défaite de ſon armée, le fait ordonner prêtre, & l'enferme dans le monaſtère de S. Calais, d'où il ſe ſauve : ayant été enveloppé de nouveau dans une métairie, près de Térouanne, il ſe fait donner la mort par Guiléne ſon ami. Prétextat, évêque de Rouen, eſt dépoſé.

Page 21.

578. 79. 80. Frédégonde perd ſes trois enfants, qui meurent de diſſenterie.

Frédégonde fait aſſaſſiner Clovis. dernier fils du premier lit de Chilpéric, en l'accuſant d'avoir empoiſonné ſes trois enfants. Il eſt enterré à S. Germain-des-Prez.

581. 82. 83. Gontran ſe lie avec Childebert contre Chilpéric, puis après, Childebert s'étant lié avec Chilpéric, contre Gontran, il y a une guerre ſanglante entre ces princes.

584. La paix ſe fait entre les trois rois. Chilpéric eſt aſſaſſiné à Chelles, revenant de la chaſſe. Sa femme Frédégonde, & Landri qu'elle aimoit, furent ſoupçonnés d'y avoir eu part. Il laiſſe un fils âgé de quatre mois, nommé *Clotaire*, qui lui ſuccède. Il a eu pour femmes, Audouere, Galſuinde & Frédégonde, de la première qui fut répudiée, il eut entre autres enfants Merovée.

Frédégonde, veuve de Chilpéric, perſuade à Gontran de la ſoutenir contre Brunehaut & Childebert.

Page 22.

584. Gontran, loin de profiter de la mort de Chilpéric, ſert de père à Clotaire ſon fils, & défend Frédégonde contre la juſte vengeance que Childebert & Brunehaut en auroient pu tirer.

Childebert s'avance vers Paris, mais Gontran y étoit déjà entré, & avoit pris le parti de Frédégonde.

585. Récarede roi des viſigots en Eſpagne, & de Septimanie dans les Gaules, quitte l'arianiſme & ſe convertit : ce fut un prince digne des plus grands éloges.

Frédégonde ſe retire au Vaudreuil, où elle ſouffre impatiemment de ſe voir ſans autorité.

Gondebaud ſoutenu de Childebert s'empare du Querci,

du Périgord, de l'Angoumois, d'une partie de l'Aquitaine, &c.

Gondebaud fe difant fils de Clotaire Ier., eft couronné par quelques féditieux à Brive-la-Gaillarde ; mais bientôt après, ces mêmes traîtres l'affaffinent devant Carcaffonne, dont Leudegifile général de l'armée de Gontran faifoit le fiège. Childebert & Gontran fe promettent une fincère amitié.

Gontran compofe un confeil pour le jeune Clotaire, & oblige Frédégonde à quitter Paris.

Page 23.

587. Childebert d'accord avec l'empereur Maurice, fait la guerre en Italie contre les Lombards : cette guerre n'eut pas de fuccès.

588. 89. Gontran fait la guerre à l'Efpagne, pour venger la mort du gendre de Brunehaut, beau frère de Childebert, & pour étendre fes états jufqu'aux Pyrénées. Cette guerre fut fans fuccès.

590. Frédégonde fait affaffiner Prétextat, évêque de Rouen, & méprife les ménaces de Gontran, qui vouloit prendre connoiffance de ce crime.

Elle attente plufieurs fois fans fruit à la vie de Childebert, & à la liberté de Brunehaut.

591. 92. Gontran fait la guerre contre Waroc, comte de Bretagne, à qui Frédégonde avoit fait prendre les armes. Waroc vient à Guerrande, où il rend hommage à Gontran en ces termes : *nous favons comme vous que les villes armoriquaines*, Nantes & Renne, *appartiennent de droit aux fils de Clotaire,*

& nous reconnoiſſons que nous devons être leurs ſujets.

Page 24.

593. Gontran meurt âgé de ſoixante ans, ſans laiſſer d'enfants. L'égliſe l'a mis au nombre des ſaints. Il avoit déclaré ſon neveu Childebert héritier de ſes royaumes d'Orléans & de Bourgogne. Il eut pour femmes, Vénérande, que Grégoire de Tours & *l'auteur des Geſtes* traitent de concubine; Marcatrude, qu'il répudia ſur le ſoupçon qu'elle avoit fait empoiſonner le fils qu'il avoit eu de Vénérande; & enfin Auſtregilde, dont il eut deux fils morts jeunes.

Quelques auteurs prétendent que ſa fille Clotilde lui ſurvécut. Il tenoit ſa cour à Châlons-ſur-Saône. Il eſt enterré dans l'égliſe de S. Marcel de Soiſſons.

Les gaſcons, ou Waſcons, peuples barbares, paſſent les monts Pyrénées & s'établiſſent dans la Novempopulanie à laquelle ils donnent leur nom. Ils s'étendirent ſucceſſivement juſqu'aux bords de la Garonne.

Childebert réunit à l'Auſtraſie, ſuivant la dernière volonté du feu roi Gontran, les royaumes d'Orléans & de Bourgogne, & une partie de Paris.

Nous avons une conſtitution de ce prince (595) qui ordonne que l'homicide ſoit puni de mort, au lieu qu'auparavant il en étoit quitte pour une peine pécuniaire.

Il crée Taſſillon premier roi de Baviere.

Clotaire & Childebert partagent la propriété de la ville de Paris.

B 3

Landri, commandant l'armée de Clotaire, défait Childebert près de Soiffons. Le lieu où fe donna cette bataille, dit alors *Truciacum*, eft le village de Droiffi, à cinq lieues de Soiffons.

594. Waroc, comte de Bretagne, excité par Frédégonde, livre bataille aux troupes de Childebert, du côté de la Touraine ; cette bataille fut fanglante & la perte égale des deux côtés.

595. Childebert défait les Varnes, peuple de Germanie, & détruit leur royaume.

596. Childebert meurt de poifon, laiffant de fa femme Faileube, deux enfants qui lui fuccèdent, fous la conduite de Brunehaut leur grand'mère.

Thieri regne en Bourgogne, & l'Auftrafie a pour roi Théodebert II.

Page 25.

597. Mort de Frédégonde.

Brunehaut affermit la paix de tous côtés, pour affurer fa puiffance. Elle contribue à la converfion du royaume de Cantorberi au chriftianifme.

598. Les grands d'Auftrafie laffés de la domination de Brunehaut ; engagent fon petit-fils Théodebert à l'exiler.

599. Brunehaut fe fauve chez fon petit-fils Thieri, qui lui donne un afyle.

600. L'armée de Thieri, jointe à celle de Théodebert, attaque Clotaire & le défait.

601. 602. Théodebert joint à Thieri défait les gafcons, & leur donne pour duc Génialis, qui prit le premier le titre de duc de Gafcogne.

Adaloade eſt aſſocié au trône des Lombards. Théodebert lui accorde ſa fille en mariage.

603. Clotaire voyant les deux rois occupés contre
les gaſcons, avoit fait marcher deux armées, celle que
commande Landri ſous Merovée, fils de Clotaire, eſt
défaite par Thieri, ils y perdirent la vie; Théodebert
épargne l'autre armée, par jalouſie contre ſon frère.

605. 6. 7. 8. &c. Brunehaut corrompt les mœurs
de Thieri, pour le mieux gouverner, & l'irrite contre
ſon frère Théodebert, juſqu'à lui perſuader que Théodebert n'étoit pas fils de Childebert.

Page 26.

611. Clotaire promet à Thieri de demeurer neutre
dans la guerre qu'il va faire à Théodebert ſon frère,
à condition qu'il lui fera rendre tout ce qu'on lui a pris
dans la dernière guerre.

612. Théodebert eſt défait par Thieri, pris à Cologne, & envoyé à Châlons-ſur-Saône à Brunehaut qui
le fait aſſaſſiner. Il avoit eu pour femme, Bilichilde,
qu'il fit étouffer pour épouſer Theudichilde.

613. Thieri meurt à Metz de diſſenterie, allant faire
la guerre à Clotaire, qui le ſommoit de la parole qu'il
lui avoit donnée de lui reſtituer ce qu'on lui avoit pris,
& laiſſe quatre fils.

Brunehaut miſe à mort par l'ordre de Clotaire.

On voit le tombeau de cette princeſſe dans l'égliſe
de S. Martin d'Autun.

Cordemoi a entrepris l'apologie de cette princeſſe
dans ſon hiſtoite de France.

B 4

Clotaire fait mourir deux fils de Thieri, dont l'aîné avoit été reconnu roi d'Auftrafie fous le nom de Sigebert II, & qui régna peu ; le troifième fe fauva, & il donna la vie au quatrième, qu'il fit rafer : par là Clotaire réunit dans fa perfonne toute la monarchie françoife.

Le comte Romulphe, feigneur puiffant, fut enveloppé dans les malheurs de ce regne, & fon fils Romarie, défabufé des grandeurs du monde, dota de tous fes biens la célèbre abbaye de Remiremont, appellée *Remarici Mons* : c'étoit alors le temps des fondations. Ce qui eft étonnant, c'eft qu'il y en avoit déjà dans le duché de Lorraine, qui étoit compris dans le royaume d'Auftrafie, dans l'Alface, dans les montagnes des Voges, dans le pays des lucquois, aujourd'hui le département de la Meufe.

Page 27.

Clotaire II, regne feul.

613. 614. La puiffance de Clotaire excite l'envie des grands & le rend plus modéré. Il laiffe à l'Auftrafie & à la Bourgogne leurs maires, dont l'autorité femblable à celle des vicerois, commençoit déjà à fe faire fentir dans la France, & qui finirent par fe rendre les maîtres du royaume.

Cinquième concile de Paris, compofé d'évêques & de feigneurs ; il s'en eft tenu fouvent de pareils depuis Charlemagne & les rois fuivants, où il fe fit des ordonnances pour tout le royaume, qui portent le nom de *Capitulaires* , comme celles qui étoient faites dans les assemblées de la nation.

Page 28.

622. Clotaire donne l'Auftrafie & la Neuftrie à Dagobert fon fils, avec le titre de roi. Commencement de l'ère des mahométants , qu'ils appellent *Hégire;* c'eft la date de la fuite de Mahomet de la Mecque, qui mourut empoifonné l'an 632. Il vécut 63 ans.

628. Clotaire II meurt, regretté , parce qu'il aima la juftice & la paix. Il laiffa deux enfants Dagobert & Charibert.

Page 29.

Dagobert 1er. roi de tout le refte de l'empire françois.

628. 29. Dagobert laiffe corrompre fes mœurs, répudie fa première femme , & en a jufqu'à trois dans le même temps fans compter les concubines.

Ce qu'on raconte de la magnificence d'alors eft à peine croyable; faint Eloi, qui, né en Limoufin, ne fut d'abord connu que par l'excellence de fes ouvrages d'orfévrerie, portoit déjà des ceintures couvertes de pierreries lorfqu'il vint à la cour de Clotaire : il fit pour lui un fiège d'or maffif & un trône entier du même métal pour Dagobert; ces richeffes venoient du commerce du levant, que les négociations avec les empereurs de Conftantinople avoient ouvert : elles venoient auffi des dépouilles de l'Italie, d'où les françois n'étoient jamais revenus que chargés de butin , même quand ils en avoient été chaffés : faint Eloi fut depuis tréforier de Dagobert ; évêque de Noyon , & bâtit l'églife de faint Paul hors les murs de Paris , vers l'an 640.

Charibert, roi d'une partie de l'Aquitaine.

628. 29. Charibert obtient de fon frère une partie de l'Aquitaine , plutôt comme une efpèce d'apanage, dont le nom ne fut connu que long-temps après, que comme un démembrement de la couronne ; cependant il prit le titre de roi, & les actes publics furent datés de fon regne. Il fait Touloufe fa capitale.

630. 31. Charibert meurt , à Blaye : Childéric fon fils aîné , encore enfant lui fuccède, & eft reconnu roi : Dagobert fon oncle le fait empoifonner ; en lui finit le royaume de Touloufe : mais Charibert eut deux autres enfants , Boggis & Bertrand, qui lui furvécurent. Le premier des deux , à qui Dagobert donna l'Aquitaine à titre de duché héréditaire , a été la tige d'une longue fuite de princes, dont la poftérité s'eft perpétuée jufqu'à Louis d'Armagnac, duc de Nemours , tué à la bataille de Cérignoles en 1503.

Page 30.

634. Dagobert aide Sifenand à fe faire roi des gots en Efpagne , au préjudice du fils du roi légitime : cette couronne étoit élective.

636. &c. Saint Eloi engage Judicaël, prince des bretons , à faire au roi fatisfaction des courfes qu'ils avoient faites fur les frontières , & à le reconnoître pour fon feigneur.

Mort de Dagobert à Epinai ; il fit ériger en évêché l'églife de Strasbourg , dont Clovis avoit mis la première pierre : ce fut alors qu'elle changea le nom d'*Argentoratum* en celui de Strasbourg, qui se nomme aujourd'hui *Argentina*. Il est enterré à saint Denis qu'il avoit fondé. Cette église est devenue depuis la sépulture de nos rois. Saint Denis étoit regardé comme l'apôtre de la France, l'Oriflamme étoit en dépôt dans cette église & le cri de guerre fut dans la suite *mon joie saint Denis, meum gaudium.* Il laisse deux fils, Sigebert II, roi d'Austrasie, & Clovis II, roi du reste de l'empire françois. Il a eu pour femmes , Gomatrude , Nantilde , Ragnetrude , Wlfegonde, & Berthilde.

Page 31.

Il se passoit alors bien loin de nous un triste événement, mais qui appartient à tous les empires du monde, puisqu'il regarde l'empire des lettres. La bibliothèque d'Alexandrie, cette bibliothèque commencée sous Ptolémée, fils de Lagus surnommé Soter, successeur d'Alexandre dans l'Egypte , 323 ans avant Jesus Christ, continuée par son fils Philadelphe, sous qui se fit la traduction des Septante , & parvenue à un tel excès de magnificence sous les rois qui la suivirent, que l'on fait monter le nombre des volumes à sept cents mille. Cette fameuse bibliothèque fut mise en cendres en l'an 642 de Jesus-Chrift par ordre du calife Omar, qui s'empara cette année de la ville d'Alexandrie. De quelque manière qu'on explique cette énorme quantité de volumes, quelle destruction pour la mémoire des hommes !

Page 32.

654. 55. 56. &c. Sigebert meurt à Metz , laissant

de fa femme Innichilde un fils nommé Dagobert, qu'il recommande à Grimoald : celui-ci fait couper les cheveux à Dagobert, & le fait conduire en Irlande ; enfuite ayant répandu le bruit de fa mort, il fait proclamer fon fils roi ; mais Archambaud, maire de Clovis, s'y étant oppofé, l'ufurpateur eft détrôné. Childéric, un des fils de Clovis II, fuccède au royaume d'Auftrafie.

Page 33.

656. Clovis II meurt après fon frère, & laiffe trois enfants, dont le troifième, nommé *Thieri*, n'eut alors aucun partage : l'aîné, Clotaire III, fuccède aux royaumes de fon père, & le fecond nommé *Childéric*, avoit fuccédé au trône d'Auftrafie, après la dépofition du fils de Grimoald, & fur le faux bruit de la mort de Dagobert, fils de Sigebert. Il a eu pour femme Batilde. Cette Batilde, d'une rare beauté, avoit été achetée de quelques pirates par Erchinoald, maire du palais, qui la donna pour femme à fon maître, & de fon efclave en fit la femme de fon roi : il eft vrai que l'hiftoire lui rend la juftice, qu'elle n'oublia point fur le trône fon premier état, & que devenue religieufe après la mort de Clovis, elle ne fe fouvint jamais qu'elle eût porté la couronne.

Page 34.

Batilde, mere de Clotaire III, qui n'avoit que cinq ans, gouverne fon fils avec beaucoup de fageffe.

Elle fe retire par dévotion dans le monaftère de Chelles qu'elle avoit fondé, & laiffe le royaume à la merci d'Ebroin maire du palais, dont elle avoit jufques-là réprimé les violences; l'églife l'a reconnue pour fainte : elle avoit encore fondé le monaftère de Corbie.

670. Clotaire III meurt, & eft enterré dans le monaftère de Chelles ; Thieri, fon fecond fière, qui n'avoit point eu de part à la fucceffion, eft roi à fa place, par les foins d'Ebroin ; mais la haine qu'on avoit pour ce miniftre réjaillit fur le roi même, & Thieri fut enfermé dans l'abbaye de faint Denis.

670. Childéric fe voit roi de toute la France, par la mort de Clotaire III , & par la retraite forcée de Thieri.

Childéric abandonne une partie de l'Auftrafie à Dagobert II, fils de Sigebert.

Tant que Childéric fuivit les confeils de Leger, évêque d'Autun, il fe conduifit bien ; mais dès qu'il ceffa de les fuivre, il tomba dans le mépris. Ce prélat que l'églife a canonifé & qu'elle honore comme martyr, fut affaffiné en 678, par les ordres d'Ebroin, dans une forêt en Artois, qui a retenu fon nom.

Dagobert II, ce fils de Sigebert qu'on avoit fait conduire en Irlande, revient & regne dans l'Auftrafie, dont Childéric lui abandonne une partie. Ce Dagobert a été long-temps ignoré : Adrien de Valois & le P. Henfchenius fe font difputé l'honneur de l'avoir fait connoître.

Page 35.

678. &c. Dagobert II eft affaffiné ; fa mort auroit dû rendre Thieri feul maître de la monarchie, mais l'Auftrafie craignant de tomber fous la domination d'Ebroin, maire du palais de ce prince, ne voulut plus reconnoî-

tre de rois : Pepin & Martin s'en firent déclarer ducs ou gouverneurs. (*Mém. de l'acad. des belles lettres, tom. VI.*)

Page 36.

Pepin, qui continue de régner fous le nom de Childebert, frère de Clovis III, fait fon fils aîné duc de Champagne, & fon cadet maire du palais de Childebert; fes deux enfants meurent : il fonde le célèbre monaftère de Fleuri.

Page 38.

714. Dagobert III. Ce prince a peu d'autorité. Pepin fait fon petit-fils Theudoalde, encore enfant, maire du palais de Dagobert III.

Mort de Pepin; cet homme fut utile à l'état en même temps qu'il anéantit la puiffance des rois.

Theudoalde, enfant, eft maire du palais fous la tutelle de Plectrude fa grand'mère. Charles, dit depuis Charles-Martel, fils de Pepin & d'une concubine nommée *Alpaïde*, eft arrêté par l'ordre de la grand'mère de Theudoalde.

Un gouvernement fi étrange ne fubfifte point; les peuples fe révoltent; Theudoalde fe fauve, & fa charge eft donnée à Rainfroi.

Les gots qui avoient chaffé les romains d'Efpagne, en font chaffés à leur tour par les farazins, que le comte Julien avoit appellés pour fe venger de Roderic, qui avoit déshonoré fa fille. Les chrétiens efpagnols qui fe foumirent aux maures, en confervant leur religion, furent anpellés *Muzarabes*.

Pélage , roi d'Efpagne , ce prince caché dans des montagnes de l'Afturie , conferva le nom de roi , & y perpétua en effet la royauté parmi les princes chrétiens , qui rechafferent enfin les maures fous Ferdinand le catholique , & fous Philippe III. Le titre de prince des Afturies fut donné depuis, en 1388, à l'infant D. Henri, petit-fils du prince de Tranftamare , lorfqu'il époufa la fille du duc de Lancaftre , & de Conftance, fille de Pierre-le-Cruel.

Page 39.

7·9. Chilpéric II. Ce roi ne doit pas être mis au nombre des fainéants. Rainfroi fecondant fes vues, s'oppofa à Charles-Martel. Il arrive fous ce regne ce qui étoit arrivé à Pepin fous Thieri III. Charles-Martel défait Chilpéric dans différents combats ; Rainfroi perd fa place, &, chofe fingulière, Charles fubftitue à Chilpéric un autre roi fort ignoré, que l'on a nommé *Clotaire IV*. Ce Clotaire étant mort, Chilpéric eft rappellé de l'Aquitaine, où il s'étoit réfugié, par Charles-Martel, qui, réuniffant toute l'autorité, voulut bien n'être que fon maire du palais.

Page 40.

740. Charles-Martel jouit en paix de la foumiffion où le bruit de fa valeur avoit mis toute l'europe.

Troubles de l'Italie à l'occafion de l'héréfie des Iconoclaftes, foutenus par l'empereur Léon ; Grégoire II avoit fait ce qu'il avoit pu pour intéreffer Charles-Martel à s'oppofer aux progrès de cette héréfie, mais Charles différa toujours de lui donner du fecours, foit que les offres de Grégoire ne lui paruffent pas fuffifantes, foit pour ne pas déplaire au roi des Lombards, qui inquié-toit auffi le pape de fon côté. Grégoire III fuccéda à Grégoire II, & fit des propofitions plus avantageufes à Charles Martel; favoir, de fe fouftraire à la domination de l'empereur, & de le proclamer conful de Rome; c'eft là la véritable époque de la grandeur temporelle des papes, & le préfage que l'empire devoit paffer dans la maifon de France.

Page 42.

741. Mort du pape, de l'empereur Léon, & de Charles-Martel; il fut enterré à faint Denis. Carloman & Pepin, enfants de Charles-Martel, partagent entre eux le gouvernement du royaume, & font toujours unis.

742. Pepin croit qu'il eft plus avantageux de faire ceffer l'interregne; il fait proclamer roi Childéric III.

Childéric III, fils de Chilpéric II eft proclamé roi dans la partie de la France que gouvernoit Pepin, c'eft-à-dire, dans la Neuftrie, la Bourgogne & la Provence, car l'Auftrafie n'eut point d'autre maître que Carloman.

Page 43.

743. Concile tenu aux Eftines, palais des rois d'Auf-trafie, dans la préface duquel Carloman parle en fou-verain; ce concile eft le premier où l'on ait commencé à compter les années depuis l'incarnation : cette épo-que a pour auteur Denis le Petit dans fon cycle de l'an 526, & Bede l'employa depuis dans fon hiftoire.

Carloman quitte le gouvernement de l'Auftrafie, & fe retire à Rome, où il embraffe la vie religieufe; il
laiffe

Le Sr. Daché se proposait de
continuer cet ouvrage jusqu'au 8.me
vol. ; mais, lorsqu'il eut fait tirer les
deux premières feuilles du 6.me, —
l'on alla saisir dans sa maison à
Voroux - gorcux,

1°. L'édition entière, qui fut
pilonnée :

2°. Les deux presses que le Sr.
Daché avait chez lui, en contravention
aux règlemens, et qui furent vendues,
d'après un arrêté du Préfet, —
ainsi que les caractères et tous les
ustensiles de cette petite imprimerie.